J'ai fait dans ma vie
des rêves qui ne m'ont plus
jamais quittée et qui ont
changé ma façon de voir
les choses: ils sont passés à
travers moi encore et encore,
comme le vin traverse l'eau,
et ils ont changé la couleur
de mes pensées.

EMILY BRONTË (1818-1848)

SUIVRE *son* CHEMIN

UN LIVRE-CADEAU
HELEN EXLEY

EXLEY
PARIS • LONDRES

Notre grand et glorieux chef-d'œuvre, c'est de vivre à propos… Si je ne suivais pas le droit chemin parce qu'il est droit, je le suivrais pour avoir trouvé par expérience qu'au bout du compte, c'est le plus heureux et le plus commode.

MICHEL DE MONTAIGNE
(1533-1592)

Une personne qui se laisse
pousser par le courant,
sans idéaux ni convictions,
devient quelque chose qui
bouge plutôt
qu'un être vivant.

AMIEL (1821-1881)

Nous vivons une vie,
nous en rêvons une autre,
mais celle que nous vivons
est la vraie.

JEAN GUÉHENNO (1890-1978)

CONNAIS-TOI TOI-MÊME

*Veille sur ton cœur
plus que sur tout autre
chose, car c'est de lui que
jaillissent les sources
de la vie.*

LE LIVRE DES PROVERBES IV, 23

Applique-toi à reconnaître
l'attitude mentale qui
te permet de te sentir le plus
profondément, le plus
intrinsèquement vivant, en
même temps que résonne
la voix intérieure qui dit:
"Voilà le véritable moi"; et,
quand tu l'auras trouvée,
ne la lâche plus.

WILLIAM JAMES

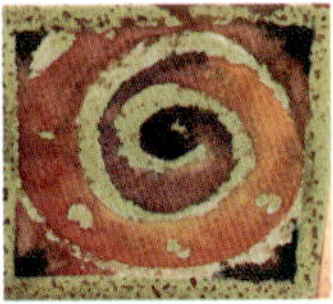

La raison de vivre

Celui qui a trouvé
une raison de vivre est
capable de tout supporter,
ou presque.

FRIEDRICH NIETZSCHE
(1844-1900)

Un jeune homme, un jour,
posa cette question à un vieil
homme solitaire: "Quel est,
dans la vie, le fardeau
le plus lourd?".
"De n'avoir rien à porter",
lui répondit tristement
le vieil homme.

ANONYME

Ce qui compte pour moi

Je souhaite être vrai, car il y a
des gens qui me font confiance;
je souhaite être pur, c'est très
important pour certains;
je souhaite être fort, car il y
a beaucoup à endurer;
je souhaite être brave, car il
y a beaucoup à oser;
je souhaite être l'ami de tous,
de l'adversaire, du sans-ami;
je souhaite donner et oublier
que j'ai fait ce don;

je souhaite être humble, car
je connais ma faiblesse;
je souhaite relever la tête, et
rire, et aimer,
et monter toujours plus haut.

HOWARD ARNOLD WALTER

Le secret, pour que quelque
chose marche dans notre vie,
c'est avant tout
de désirer profondément
qu'il en soit ainsi; de croire
avec foi que cela peut
marcher; d'en garder en
toutes circonstances
une conscience claire et de
suivre avec attention
les étapes successives de
cette réussite, sans laisser
la moindre place
à l'incertitude ou au doute.

EILEEN CADDY

Du cœur à l'ouvrage

Dans chaque petite parcelle
de votre vie, mettez ce en
quoi vous croyez.
Travaillez avec votre cœur
et exigez des autres
ce qu'ils ont de meilleur.
N'abandonnez pas votre

personnalité et vos valeurs,
le secret que vous
connaissez et que personne
d'autre ne connaît. Quant à
la vérité, ne la laissez pas
disparaître dans le
mâchonnement généralisé
de la complaisance.

MERYL STREEP

Une vie bien remplie

Le pouvoir de vivre
pleinement ma vie d'adulte,
de respirer la vie sans perdre
le contact avec ce que j'aime
- la Terre et les merveilles
qu'elle contient, la mer, le
soleil… je veux y entrer, en
faire partie intégrante.
Je veux vivre pleinement

ma vie, tout apprendre d'elle,
perdre tout ce qui, en moi, est
artificiel et fabriqué, et deve-
nir un être humain conscient
et responsable.
Je veux, en me comprenant
moi-même, comprendre
les autres.
Je veux être tout ce que
je suis capable de devenir…

KATHERINE MANSFIELD
(1888-1923)

Dépouillons-nous donc des œuvres des ténèbres et revêtons les armes de lumière.

PAUL DE TARSE (1er SIÈCLE. AP. J.-C.)

Pour s'assurer une belle vie, heureuse et réussie, il n'est besoin de rien d'autre que de connaître et d'appliquer quelques principes simples et élémentaires.

JAMES ALLEN

*Le secret de l'existence,
c'est de trouver
une valeur-pivot, à
laquelle vous pourrez
vous raccrocher
toujours et partout.*

LUIGI PIRANDELLO
(1867-1936)

Patience, patience, patience
dans l'azur ! Chaque atome
de silence est
la chance d'un fruit mûr !

PAUL VALÉRY (1871-1945)

Une chose à laquelle on croit
vraiment finit toujours par
arriver; croire en quelque
chose est ce qui lui permet de
se réaliser. Et je crois que
rien n'arrive jamais
si l'on n'y croit pas
fermement et profondément.

FRANK LLOYD WRIGHT

Le signe du courage, à notre époque de conformisme, est la capacité de rester fidèle à ses convictions - non pas par entêtement ou par défi (ce qui est un réflexe de défense, et non une preuve de courage), ni pour avoir raison envers et contre tout, mais simplement parce qu'elles représentent les valeurs auxquelles on croit.

ROLLO MAY

Il faut se donner des projets
qui vous grandissent.
Des projets qui tendent
la vie vers le haut.
Qui obligent à choisir
la cime plutôt que le fossé.
Des projets généreux qui font
la vie généreuse.
Et qui permettent à la vie de
l'homme de se déployer.
De s'élever.

MARTIN GRAY

Si nous sommes
dans la bonne
direction, tout ce que
nous avons à faire,
c'est de continuer
de marcher.

PRÉCEPTE BOUDDHISTE

Beaucoup de gens ne laissent pas à leurs principes le temps de prendre racine, ils tirent dessus de temps en temps… pour voir s'ils poussent.

HENRY WADSWORTH LONGFELLOW
(1807-1882)

Les meilleures choses sont
toutes proches: l'air dans
tes narines, la lumière dans
tes yeux, les fleurs à
tes pieds, les tâches à portée
de ta main, le chemin du bien
ouvert devant toi.
Ne cherche pas à attraper
les étoiles, mais fais
ton travail comme il vient,
certain que les tâches
quotidiennes et le pain
quotidien sont les choses
les plus douces de la vie.

ROBERT-LOUIS STEVENSON
(1850-1894)

Les choses vraies n'ont pas changé. Le mieux que nous avons à faire, c'est toujours d'être honnête et confiant, de tirer le meilleur profit possible de ce qui nous est donné, de nous satisfaire des joies les plus simples, et de garder courage quand les choses vont mal.

LAURA INGALLS (1867-1957)
AUTEUR DE
"LA PETITE MAISON DANS LA PRAIRIE"

Vivre heureux avec des moyens modestes; préférer l'élégance au luxe, et le raffinement à la mode; être quelqu'un de bien plutôt que de respectable, à l'aise sans être riche; apprendre avec ardeur, penser avec calme, parler avec bonté, agir avec franchise; écouter, le cœur ouvert, les étoiles et les oiseaux, les jeunes enfants et les vieux sages; supporter sans se plaindre, faire son devoir sans renâcler…

WILLIAM ELLERY CHANNING
(1780-1842)

Soyez assez grand pour servir les autres.

CLAUDE PEPPER

C'est proprement ne valoir rien que de n'être utile à personne.

RENÉ DESCARTES
(1596-1650)

Heureux ceux qui font œuvre de paix, ils seront appelés enfants de Dieu.

MATTHIEU V, 9

Il n'y a pas d'héroïsme plus grand que d'aimer les autres et de se dévouer pour eux.

ODILE DORMEUIL

On gagne sa vie avec ce qu'on reçoit, on réussit sa vie avec ce qu'on donne.

NORMAN MACEWAN

Plus je vieillis et plus je prends conscience de l'influence sur ma vie de la façon même dont je la vis. Ma façon de réagir aux choses est plus importante que les faits eux-mêmes. Elle est plus importante que le passé, que l'éducation, que l'argent,

que les circonstances, que
les échecs, que les succès,
que ce que les autres
font, disent ou pensent.
Elle est plus importante
que les apparences,
les dons naturels ou
les compétences. Elle peut
construire ou briser
une communauté,
une église, un foyer.

CHARLES SWINDOLL

La force des convictions

Si vous voulez réellement,
sincèrement et passionnément
faire quelque chose (de toute
la force de votre cœur et avec
toute la sincérité dont vous êtes
capable), c'est en le faisant que
vous serez le plus généreux,
le plus utile à la communauté,
et que vous exploiterez au
mieux votre valeur.

ANNE MORROW LINDBERG
(1906-2001)

La grandeur
de nos convictions dépendra
de la profondeur de nos
convictions.

SCOLAVINO

Une personne qui a
des convictions vaut quatre-
vingt-dix-neuf personnes qui
n'ont que des intérêts.

JOHN STUART MILL
(1806-1873)

Les grandes choses sont les plus simples

Toutes les grandes choses sont simples, et la plupart s'expriment par un seul mot: liberté, justice, honneur, devoir, pardon, espoir.

SIR WINSTON CHURCHILL
(1874-1965)

Les Soufis nous enseignent de ne parler qu'après que nos paroles ont franchi trois portes. Devant la première porte, demandons-nous: "Ces paroles sont-elles vraies ?" Si c'est le cas, elles peuvent passer. Sinon, elles rebroussent chemin. Devant la seconde porte: "Sont-elles utiles ?". Devant la dernière: "Sont-elles charitables ?"

EKNAT EASWARAN

Devoir d'état

La seule véritable satisfaction qui en vaille la peine, c'est de grandir à l'intérieur de nous-mêmes, de devenir plus juste, plus vrai, plus généreux, plus simple, plus humain, plus charitable, plus actif. Et c'est à notre portée à tous: il nous suffit d'accomplir chaque jour notre tâche quotidienne, aussi bien que possible.

JAMES FREEMAN CLARKE
(1810-1888)

Je suis convaincu
que le travail, c'est de
l'amour changé en actes.
Je pense que si davantage
de gens pensaient de cette
façon à leur travail et à
leur vie, ils pourraient
faire de grandes choses.

JEAN PINCKERT DIXON

Les vraies valeurs

Tout ce que j'avais vraiment besoin de savoir sur la façon de vivre et de se conduire, je l'ai appris au jardin d'enfants. La sagesse ne se trouvait pas au sommet de la montagne de la classe des "grands", mais ici même, dans le bac à sable de l'école maternelle.

Voici ce que j'ai appris: tout partager, respecter les règles du jeu, ne pas faire de mal à son voisin, remettre les choses là où on les a trouvées, ranger ses propres affaires, ne pas prendre ce qui ne vous appartient pas, dire pardon quand on a fait du tort à quelqu'un, se laver les mains avant le repas, apprendre quelques petites choses et réfléchir de temps en temps, dessiner et peindre, chanter et danser, jouer et travailler un peu chaque jour.

ROBERT FULGHUM

HALTE À L'INDIFFÉRENCE

*Les plus ardents des feux
de l'Enfer sont réservés à
ceux qui, en période
de trouble moral, se
résignent à la neutralité.*

DANTE ALIGHIERI
(1265-1321)

Le complice de la corruption est souvent notre propre indifférence.

BESS MYERSON
DANS CALIRE SAFRAN, 1974

L'indifférence est le géant invincible du monde.

OUJDA,
"SAGESSE, ESPRIT ET PATHOS", 1884

*Tout homme est utile
à l'humanité en cela seul
qu'il existe.*

JEAN-JACQUES ROUSSEAU
(1712-1778)

*Le Grand Esprit nous a
placés en ce lieu pour prendre
soin de notre terre et pour
qu'aucun de nous ne nuise
aux autres.*

UN JEUNE CHEF INDIEN

Il n'y a qu'un devoir,
c'est d'être heureux.

DIDEROT (1713-1784)

Si nous ne sommes
pas heureux, si nous ne
sommes pas en paix,
nous serons incapables de
partager avec les autres
la paix et le bonheur.
Si nous sommes heureux,
nous pourrons sourire
et nous épanouir comme
une fleur, et tous les membres
de notre famille, de notre
société tout entière, pourront
bénéficier de notre paix.

THICH NHAT HANH,
"SOUFFRIR NE SUFFIT PAS"

UNE VIE RICHE DE SENS

Le plus grand réconfort qui s'offre à nous est la pensée que notre existence a pour objet de réduire, dans toute

la mesure de nos faibles
moyens, la somme
d'ignorance, de désespoir
et de misère qui souille
la face de notre
merveilleuse Terre.

GEORGE ELIOT (1819-1880)

Notre devoir est d'entretenir en nous cette paix qui nous permet d'être à l'écoute et de garder l'esprit ouvert.

ROMANO GUARDINI

Changer le monde

Une vision sans mission
est un rêve,
Une mission sans vision
est un leurre.
Une mission visionnaire
peut changer le monde.

DÉCLARATION DE COOPÉRATION
POUR UN MONDE MEILLEUR
MONT MBU, INDE, 1989

Dans les grandes choses,
les hommes se montrent
comme il leur convient
de se montrer;
dans les petites, ils se
montrent comme ils sont.

NICOLAS DE CHAMFORT
(1740-1794)

Une petite pluie patiente
et fine, à elle seule, rend
le vert de l'herbe plus vert.
De la même façon, l'influx de
nos pensées les meilleures
donne à nos projets un éclat
plus vif. Nous sommes bénis
si nous avons su vivre dans
le présent, toujours,
et prendre dans chaque
événement de notre vie ce
qu'il y avait de bon, comme
l'herbe qui tire profit de
la moindre goutte de rosée.

HENRY DAVID THOREAU
(1817-1862)

Si vous savez voir le bien
dans les gens qui vous
entourent, vous rayonnerez
de toute l'harmonieuse
énergie de l'amour, qui
contribuera à
les grandir davantage.
Si vous savez entretenir
cette habitude,
cette énergie se changera
en un flot
d'amour perpétuel.

ANNAMALAI SWAMI

Qui donc es-tu ? Cet être de
chair et de sang qui te fait
face, chaque matin, dans
le miroir ?
Ou es-tu plus encore,
beaucoup plus:
ce que tu as toujours
rêvé de devenir ?
Te connecter à cet être
intérieur sera pour toi source
de possibilités infinies.

KATHLEEN VANDE KIEFT

La douceur

La douceur est
une vertu divine:
rien n'est aussi fort
que la douceur
et rien n'est aussi doux
que la force véritable.

RALPH SOCKMAN

Mon sentiment est qu'il n'y a rien de plus important dans la vie que de tout faire pour ne pas blesser les autres et pour consoler ceux qui souffrent.

OLIVE SHREINER,
"CORRESPONDANCE" (1876-1920)

Par la douceur, on peut ébranler le monde.

LE MAHATMA GANDHI
(1869-1948)

LE COURAGE AU QUOTIDIEN

Le courage n'est pas la force brutale mais le choix résolu de l'excellence et de la raison.

ALFRED NORTH WHITEHEAD

Il est plus difficile d'être un honnête homme huit jours qu'un héros un quart d'heure.

JULES RENARD (1864-1910)

*Le courage… n'est rien
moins que la force
de surmonter le danger,
le malheur, la peur,
l'injustice tout en continuant
d'affirmer que la vie, malgré
les chagrins, est belle et
bonne; que tout a un sens,
même si parfois il nous
échappe; et que demain est
un autre jour.*

DOROTHY THOMPSON

La vraie vie

Est bon tout ce qui
est vivant, actif, nouveau.
Est mauvais tout ce qui
conduit à l'inertie, à
la passivité, à la monotonie.

D. H. LAWRENCE
(1885-1930)

Est-ce donc si peu de choses
d'avoir profité du soleil,
de l'insouciance du
printemps, d'avoir aimé,
pensé, agi; d'avoir contribué
au bonheur de ses vrais
amis et déjoué
les pièges de ses ennemis?

MATTHEW ARNOLD
(1832-1888)

Ce que je crois

Je crois à l'importance
éternelle du foyer en tant
qu'institution fondamentale
de la société.
Je crois aux possibilités
incommensurables de chaque
garçon et de chaque fille.
Je crois à l'imagination, à
la confiance, aux espoirs et
aux idéaux qui habitent
le cœur de tous les enfants.

Je crois à la beauté de
la nature, de l'art, des livres
et de l'amitié.
Je crois à la satisfaction
du devoir accompli.
Je crois aux petites joies
simples de
la vie de tous les jours.

OZOBA DAVIS

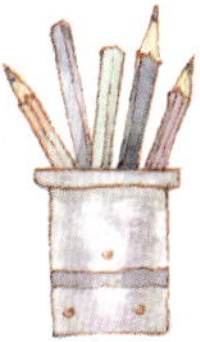

Accroche ta charrue à une étoile

STAN ROUGIER

Tout là-haut, dans les rayons du soleil, volent mes aspirations les plus nobles. Sans doute ne puis-je pas les atteindre, mais je peux lever les yeux et admirer leur beauté, croire en elles et essayer de les suivre.

LOUISA MAY ALCOTT

Ce n'est pas une calamité de mourir sans avoir réalisé ses rêves, mais c'est une calamité de ne pas rêver… Ce n'est pas un grand malheur de ne pas atteindre les étoiles, mais c'est un grand malheur de ne pas avoir d'étoile à atteindre.

BENJAMIN MAYS

Parce que nous sommes
mortels, chaque talent,
compétence ou don que nous
avons, chaque pensée, chaque
sentiment dont nous avons
fait l'expérience,
chaque spectacle que nous
avons admiré, chaque bien
qui nous a été donné, en fin
de compte sera perdu.

À moins que nous
ne les ayons partagés.
Sauf si nous donnons aux
autres - à notre conjoint,
notre enfant,
nos amis ou nos voisins,
les étrangers que nous avons
croisés sur notre route - tout
ce qui nous tient à cœur sera
un jour perdu.

LES RÉDACTEURS DE CONARI PRESS
"LA PRATIQUE DE LA BONTÉ"

EN RÉCOMPENSE

En toute chose, on ne reçoit
qu'en raison
de ce que l'on donne.

HONORÉ DE BALZAC
(1799-1850)

Vient vers vous
ce que vous êtes.

EMERSON (1803-1882)

Le fruit du travail est
le plus doux des plaisirs.

VAUVENARGUES (1715-1747)

Il n'est pas de réflexions philosophiques
ni de sensations, pas de lieu ni de pouvoir, pas de réussite matérielle qui puissent donner un aussi grand moment de bonheur intérieur que la conscience de vivre pour de bonnes raisons.

MINOT SIMONS

UNE JOURNÉE SELON MON CŒUR

Si j'ai fait quelque
chose d'utile,
si j'en ai appris davantage
sur la nature et sur l'essence
intime du bien,
si l'envie m'a saisi d'atteindre
de plus vastes horizons
de pensée et d'action,
si je suis en paix avec
moi-même,
alors, c'était une journée
selon mon cœur.

ALEX NOBLE

LES LIVRES-CADEAUX HELEN EXLEY

Voilà vingt-six ans qu'HELEN EXLEY crée de "beaux-petits-livres-cadeaux"; quarante-huit millions d'exemplaires ont été achetés en plus de trente langues. Comme ils sont destinés à être offerts, HELEN EXLEY ne ménage aucun effort, aucune dépense pour que chaque ouvrage - même ceux d'humour - soit vraiment le plus touchant, le plus profond possible, et plein de signification pour celui qui l'offre comme pour celui qui le reçoit.

Dans le monde d'aujourd'hui *nous attachons tous beaucoup d'importance à tout ce qui touche aux relations et aux valeurs humaines, au sens de l'existence, à la beauté;* Helen Exley y est sensible depuis longtemps et toute son œuvre s'y consacre.

HELEN est entouré de toute une équipe qui recherche des citations et des textes courts dans toutes les cultures et de toutes les époques. Avec un soin infini et un discernement attentif, elle compose chaque page de chaque livre en veillant à rehausser chaque texte par une mise en page et une illustration qui puisse donner à l'ouvrage toute sa profondeur et toute sa signification.

En étroite collaboration avec HELEN EXLEY, les éditeurs français, mus par la même passion, ont choisi d'y ajouter un certain nombre de citations émanant directement de notre patrimoine.

N'hésitez pas à demander à votre libraire notre catalogue (près de 300 titres en 23 collections), ou à nous contacter.

Editions Exley,
13, rue de Genval - B 1301 Bierges
Tél. 32 2+654.05.02 - exley@interweb.be
www.helenexleygiftbooks.com